La ciencia de
La energía
Julia Vogel y Jared Siemens
LIGHTBOX
openlightbox.com

Entre a **www.openlightbox.com** e ingrese el código único de este libro.

CÓDIGO DE ACCESO

LBXW3797

Lightbox es una completa solución digital para enseñar y aprender temas curriculares de una manera original e innovadora. Lightbox se basa en las Normas Curriculares Nacionales.

OPTIMIZADO PARA

- ✓ **TABLETAS**
- ✓ **PIZARRAS ELECTRÓNICAS**
- ✓ **COMPUTADORAS**
- ✓ **¡Y MUCHO MÁS!**

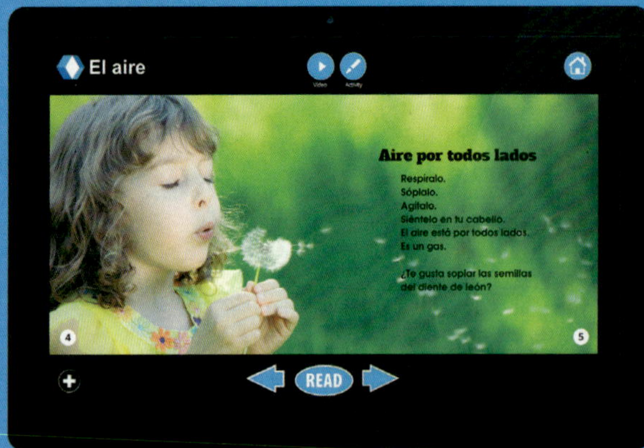

CARACTERÍSTICAS ESTÁNDAR DE LIGHTBOX

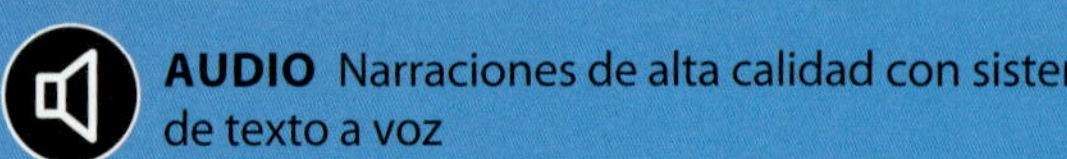

AUDIO Narraciones de alta calidad con sistema de texto a voz

VIDEOS Videoclips de alta definición incorporados

ACTIVIDADES PDFs imprimibles que pueden enviarse por correo electrónico y calificarse

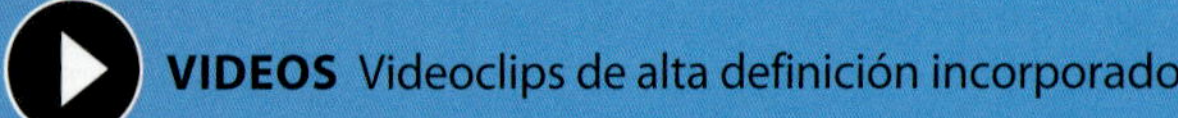

ENLACES WEB Enlaces cuidadosamente seleccionados con recursos seguros para niños

PRESENTACIÓN EN DIAPOSITIVAS Ilustraciones gráficas de los conceptos clave

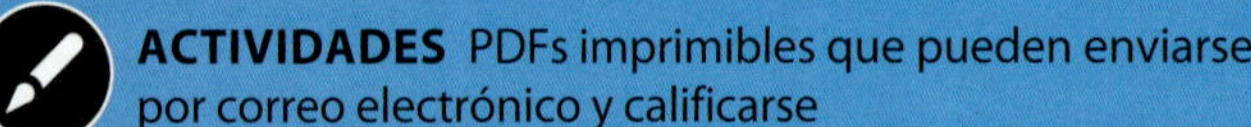

MAPAS INTERACTIVOS Mapas interactivos e imágenes satelitales aéreas

CUESTIONARIOS Diez preguntas de elección multiple con puntaje automático que se envían por correo electrónico al docente para su evaluación

PALABRAS CLAVE Combinación de los conceptos clave con sus definiciones

VIDEOS

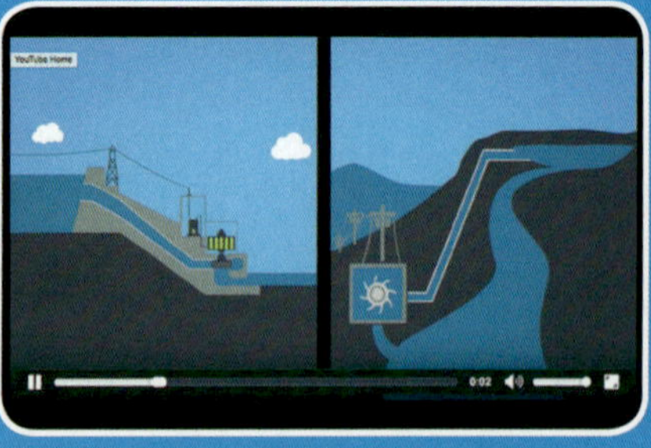

ENLACES WEB

PRESENTACIÓN EN DIAPOSITIVAS

CUESTIONARIOS

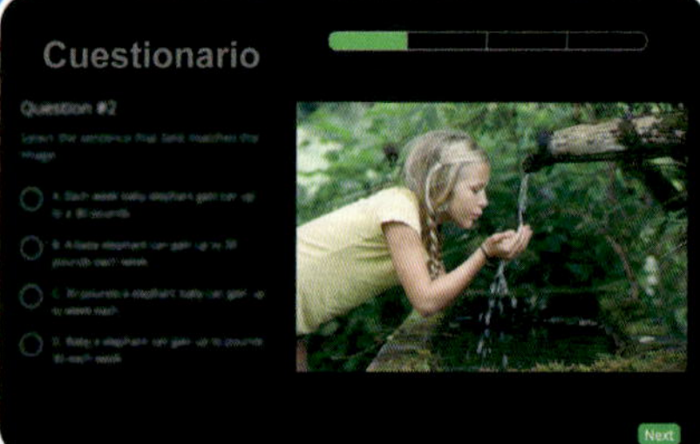

La ciencia de LA ENERGÍA

CONTENIDOS

¡Hazlo con energía!

Corre carreras con ella.
Ilumina tu camino con ella.
Hornea pizza con ella.
Toca la batería con ella.
La energía pone las
cosas en movimiento.
Hace que las cosas
se muevan o cambien.
Para leer con una linterna
se necesita energía.

Observa el destello y escucha la explosión de energía de los fuegos artificiales.

Hay muchos tipos de energía.
Los fuegos artificiales se lanzan al cielo.
Su movimiento es un tipo de energía.
Explotan en destellos calientes y brillantes.
El calor y la luz también son energía.
¡Bang! ¡Boom! Hasta el sonido es energía.

Es fácil darse cuenta de que los fuegos artificiales tienen mucha energía. Cuando explotan, son muy calientes. Pero cuando están en la tienda, los fuegos artificiales también tienen energía. Tienen energía potencial. Este tipo de energía se almacena para hacer que algo suceda más tarde. Estos fuegos artificiales tienen energía almacenada en su interior.

Space PLANE
WARNING
FLAMMABLE ROCKET WITH REPORT
XGR030
MADE IN CHINA

La energía puede transformarse. Una manzana tiene energía alimentaria almacenada. Tu cuerpo utiliza esa energía. Los alimentos te dan energía corporal.

Y tú la usas para
correr y patear
una pelota.
La energía
de la manzana ha
cambiado, pero no
ha desaparecido.
Para patear una
pelota de fútbol,
usas tu energía corporal.

Comenzando por el sol

¿De dónde obtuvo la energía la manzana? La obtuvo del sol. Todas las plantas, incluidos los manzanos, usan la luz del sol para crecer y almacenan la energía del sol en sus frutos, hojas y tallos.

Los manzanos necesitan la energía del sol para crecer.

Luego, los animales se comen a las plantas. La energía se traslada a sus cuerpos. Las vacas comen pasto para tener energía.

Eso significa que un vaso de leche tiene la energía del sol. Cuando bebes la leche, recibes esa energía. La energía pasa del sol a la vaca, luego a la leche y llega a tu cuerpo.

La energía del combustible

Incluso los combustibles con los que funcionan nuestros autos y las fábricas almacenan la energía del sol. El petróleo, el carbón y el gas natural se llaman combustibles fósiles. Son los restos de plantas y animales que vivieron hace millones de años.

La mina North Antelope Rochelle de Wyoming es la mina de carbón más grande del mundo.

Esos seres vivos recibieron alguna vez la energía del sol. Pero, los combustibles fósiles pueden causar problemas. Contaminan el aire.
Algún día se agotarán. El uso de algunos combustibles produce contaminación.

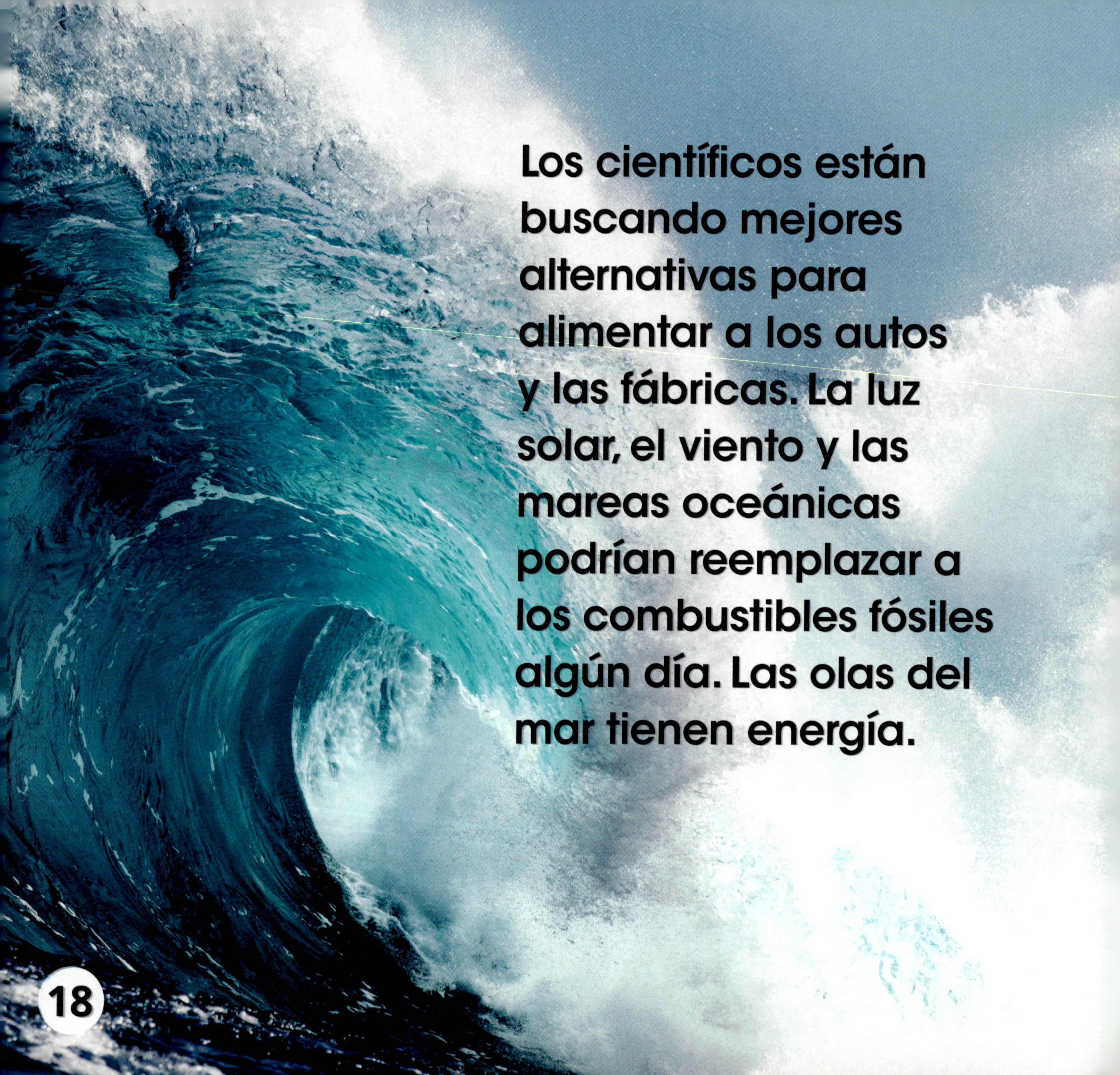

Los científicos están buscando mejores alternativas para alimentar a los autos y las fábricas. La luz solar, el viento y las mareas oceánicas podrían reemplazar a los combustibles fósiles algún día. Las olas del mar tienen energía.

Estas fuentes de energía no contaminan y no se agotan. Los paneles solares convierten la luz solar en energía que podemos utilizar.

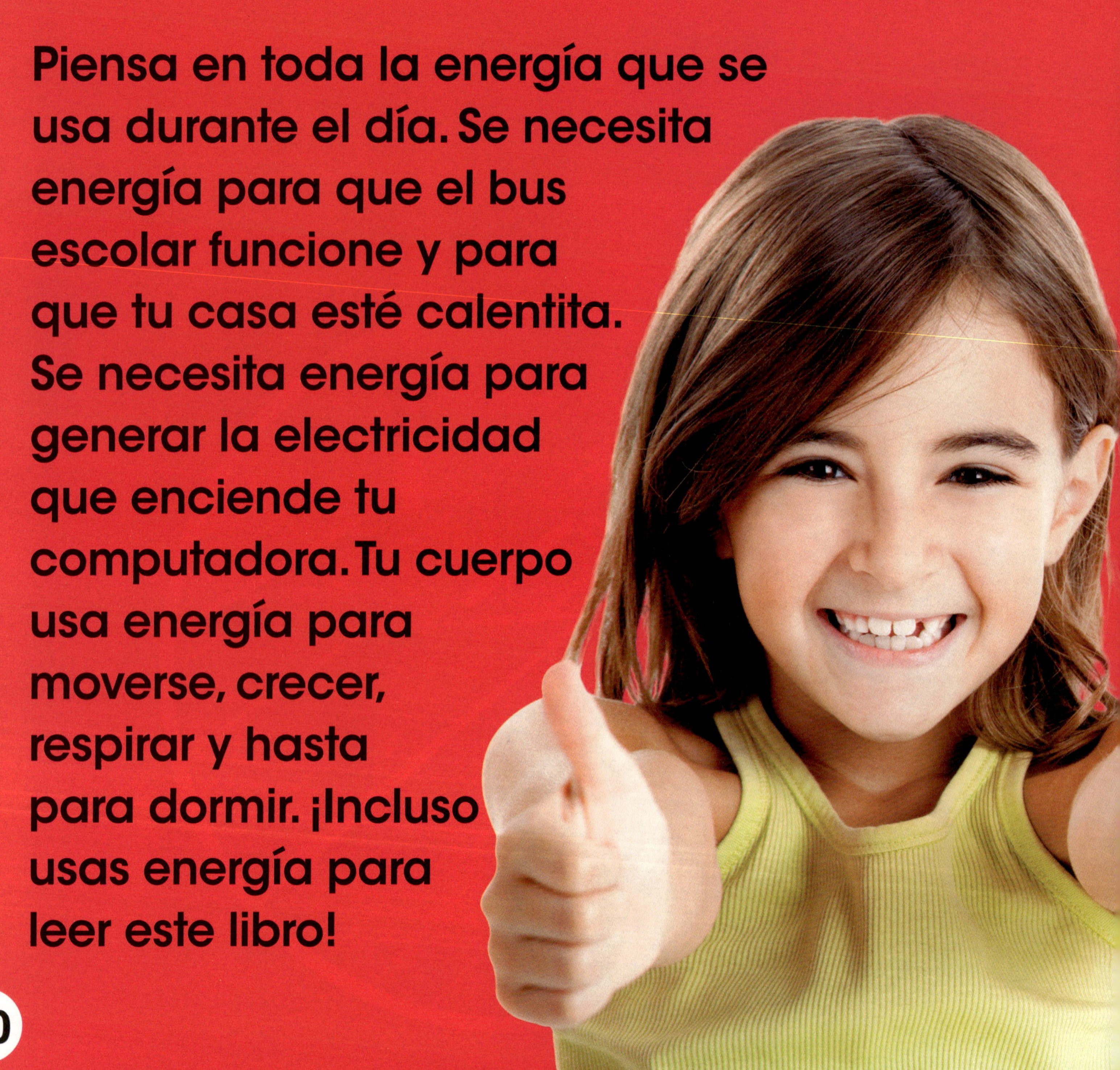

Piensa en toda la energía que se usa durante el día. Se necesita energía para que el bus escolar funcione y para que tu casa esté calentita. Se necesita energía para generar la electricidad que enciende tu computadora. Tu cuerpo usa energía para moverse, crecer, respirar y hasta para dormir. ¡Incluso usas energía para leer este libro!

Formas de ahorrar energía

Quemar combustibles fósiles daña al planeta. Estas son algunas formas de reducir su uso.

Qué hacer	Cómo ayuda
Mantener la casa más fresca en invierno.	Así se consume menos petróleo o gas natural, ya que la mayoría de las casas se calientan con estos combustibles fósiles.
Apagar las luces, los televisores y las computadoras cuando no se están usando.	Así se ahorra electricidad. En los Estados Unidos, la mayor parte de la electricidad proviene de centrales eléctricas que queman carbón.
No desperdiciar la comida.	Así se ahorran los combustibles fósiles que se usan para cultivar los alimentos y llevarlos al supermercado.
Tomar el autobús en lugar de usar el auto.	Así se reduce el uso de gasolina, que viene del petróleo.

Datos sobre la energía

Un **refrigerador** usa aproximadamente **4 libras** (1,8 kilogramos) de **energía de carbón** por día.

La mayoría de los niños de preescolar necesitan entre **20** y **30** bocadillos de pollo por día como **energía alimentaria**.

Las **turbinas eólicas** generan energía para más de **17,5 millones** de hogares por año en los Estados Unidos.

La **granja solar** **más grande** del mundo está en el desierto de Mojave en California. Tiene más de **170.000** espejos que captan la energía del sol.

La energía que hay en **una hora** de **luz solar** podría alimentar a toda la Tierra durante un año entero.

Texas **extrae** de la tierra más de **3 millones** de barriles de petróleo **por día**.

Published by Smartbook Media Inc.
350 5th Avenue, 59th Floor New York, NY 10118
Website: www.openlightbox.com

Library of Congress Control Number: 2017961983

ISBN 978-1-5105-3436-0 (hardcover)
ISBN 978-1-5105-3437-7 (multi-user eBook)

Printed in the United States of America in Brainerd, Minnesota
1 2 3 4 5 6 7 8 9 0 22 21 20 19 18

022018
011518

Spanish Project coordinator: Sara Cucini
Spanish Editor: Translation Services USA
English Project coordinator: Jared Siemens
Designer: Ana María Vidal

The publisher acknowledges Alamy, Getty Images, andiStock as its primary image suppliers for this title.